P9-CKB-439

SITIOS DE ATERRIZAJE DE EXTRATERRESTRES

por Jessica Rudolph

Consultora: Ursula Bielski
Escritora e investigadora de fenómenos paranormales
Fundadora de Chicago Hauntings, Inc.

BEARPORT
PUBLISHING

New York, New York

Créditos

Cubierta, © VanderWolf Images/Fotolia, © kaisorn/Fotolia, and © nienora/Shutterstock; TOC, © SSSCCC/iStock; 4–5, © Anastasiia Malinich/Shutterstock, © Fer Gregory/Shutterstock, © xpixel/Shutterstock, and © motestockphoto/Shutterstock; 6, © MWaits/Shutterstock; 7T, © Chronicle/Alamy Stock Photo; 7B, © mdesigner125/Shutterstock; 8L, © Alexey Stiop/Alamy Stock Photo; 8R, © Zack Frank/Shutterstock; 9, © CrackerClips Stock Media/Shutterstock; 10, © The Charleston Gazette-Mail; 10–11, © Mary Terriberry/Shutterstock and © Triff/Shutterstock; 12, © The Charleston Gazette-Mail; 13L, Courtesy of the Braxton County Convention and Visitor's Bureau; 13R, © Eric Isselee/Shutterstock; 14, © Erik Lam/Shutterstock; 15, © Glenn Innes; 16, © UFO Casebook; 17, © UFO Casebook; 18, © Zastolskiy Victor/Shutterstock; 19, © Chris Mackler/Alamy Stock Photo; 20, © Fer Gregory/Shutterstock; 21, © bertos/iStock; 23, © adike/Shutterstock; 24, © EFKS/Shutterstock.

Director editorial: Kenn Goin
Editora: J. Clark
Traductora: Eida Del Risco
Editora de español: María A. Cabrera Arús
Director creativo: Spencer Brinker
Investigador de fotografía: Thomas Persano
Cubierta: Kim Jones

Library of Congress Cataloging-in-Publication Data

Names: Rudolph, Jessica, author. | Translation of: Rudolph, Jessica. Alien landing sites.
Title: Sitios de aterrizaje de extraterrestres / Jessica Rudolph.
Other titles: Alien landing sites. Spanish
Description: New York : Bearport Publishing Company, 2018. | Series: De puntillas en lugares escalofriantes | Includes bibliographical references and index. | Audience: Ages 5–8.
Identifiers: LCCN 2017042970 (print) | LCCN 2017048303 (ebook) | ISBN 9781684026258 (ebook) | ISBN 9781684026173 (library)
Subjects: LCSH: Human-alien encounters—Juvenile literature. | Unidentified flying objects—Sightings and encounters—Juvenile literature.
Classification: LCC BF2050 (ebook) | LCC BF2050 .R8318 2018 (print) | DDC 001.942—dc23
LC record available at https://lccn.loc.gov/2017042970

Para más información, escriba a Bearport Publishing Company, Inc., 45 West 21st Street, Suite 3B, New York, New York 10010. Impreso en los Estados Unidos de América.

10 9 8 7 6 5 4 3 2 1

Contenido

Sitios de aterrizaje de extraterrestres

¡Bum! Escuchas un ruido ensordecedor detrás de tu casa y entras en el bosque oscuro para averiguar qué ha pasado. Lo que ves te deja boquiabierto. ¡Un disco verde gigantesco y brillante ha aterrizado! A través del humo que se dispersa, ves que se abre lentamente una puerta de la nave. Empiezas a temblar. ¿Quién o qué aparecerá?

Prepárate para leer cuatro
historias escalofriantes sobre
sitios de aterrizaje de **extraterrestres**.
Pasa la página… ¡si te atreves!

EXTRATERRESTRES FAMOSOS

Roswell, Nuevo México

El 13 de junio de 1947, un ranchero de Nuevo México oyó una explosión durante una tormenta. Al día siguiente, descubrió una larga **trinchera** y extraños objetos **metálicos.** Su descubrimiento fue reportado a una base militar cercana. Unos oficiales del ejército se llevaron los **restos.**

Entonces, los oficiales hicieron una declaración sorprendente: ¡los restos pertenecían a un platillo volador!

Objetos encontrados en la zona

Sin embargo, los oficiales del ejército cambiaron la historia al día siguiente. Declararon que los restos pertenecían a un **globo meteorológico.**

Pronto se extendió el rumor de que el gobierno de Estados Unidos ocultaba **evidencias** de que una nave extraterrestre se había estrellado cerca de Roswell. Incluso se decía que, en secreto, los oficiales habían sacado cuerpos de extraterrestres del sitio del desastre. Desde entonces, el pequeño pueblo se ha vuelto mundialmente famoso.

Quienes visitan Roswell pueden ir a un museo sobre los **ovni** y ver farolas que lucen como cabezas de extraterrestres.

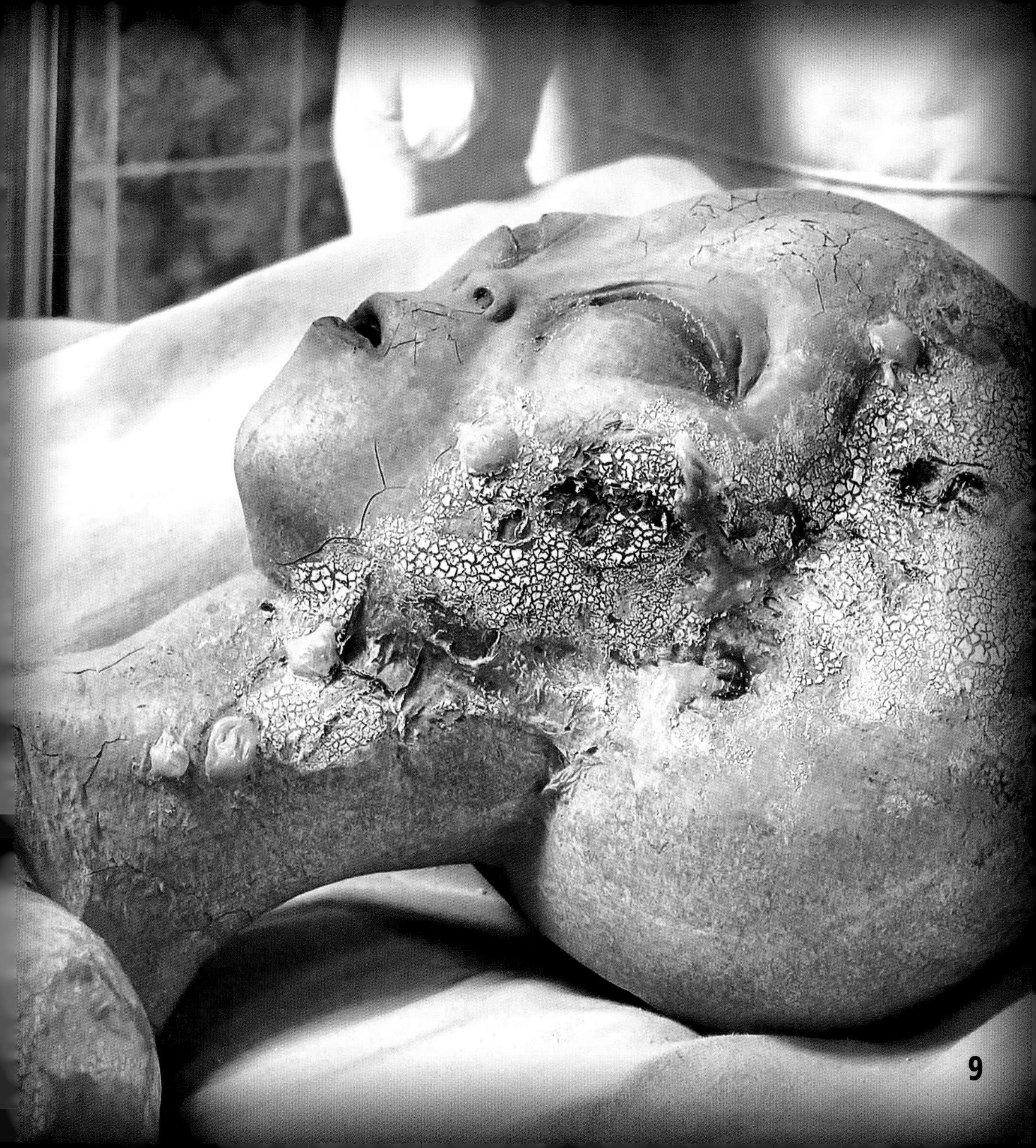

El Monstruo de Flatwoods

Flatwoods, Virginia Occidental

En la noche del 12 de septiembre de 1952, un grupo de chicos vio una ardiente estela de luz atravesar el cielo. Todos corrieron enseguida a decírselo a la madre de dos de ellos.

Los niños y la madre, Kathleen May, agarraron linternas y caminaron por el espeso bosque para **investigar.** De repente, una bruma repugnante les quemó los ojos y las narices. Entonces vieron algo aterrador.

¡Un extraterrestre de casi 10 pies (3 m) apareció delante de ellos! La criatura gigante tenía manos en forma de garras y ojos que brillaban. Emitió un silbido y se deslizó hacia Kathleen y los chicos. Pero luego tomó otra dirección.

El grupo, asustado, corrió hasta el pueblo para contar lo que había pasado. Desde entonces, la criatura se conoce como el Monstruo de Flatwoods.

Kathleen May junto a un dibujo del Monstruo de Flatwoods.

Los investigadores dijeron que la estela de luz y la bruma ardiente probablemente fueron causadas por la colisión de un **meteorito**. El "extraterrestre" pudo haber sido un búho, posado en un árbol.

Casi abducido

Livingston, Escocia

Un día de noviembre de 1979, Robert Taylor llegó a casa con los pantalones rotos y cortes en la cara. Les contó a su esposa y a la policía una historia increíble. ¡Unos extraterrestres lo habían intentado **abducir**!

Robert estaba paseando con su setter irlandés por el bosque húmedo cuando se tropezó con un ovni gris que estaba **estático** en el aire. Se quedó helado del miedo.

Los bosques Dechmont
en Livingston, Escocia

De repente, dos **esferas** cubiertas de largos pinchos salieron de la nave. Robert se aterró cuando los pinchos le engancharon los pantalones y lo arrastraron hacia la nave. Entonces, se desmayó. Cuando se despertó, el ovni se había marchado.

La policía acudió a la escena y encontró agujeros en la tierra que parecían hechos por pinchos largos. ¿Habría estado Robert a punto de ser abducido por extraterrestres?

Robert Taylor en el sitio de su encuentro

Un dibujo de la nave y de una de las esferas

Robert dijo que el ovni medía cerca de 20 pies (6 m) de ancho.

¿Juras guardar el secreto?

Cape Girardeau, Misuri

Una noche de primavera de 1941, la policía le pidió al reverendo William Huffman que rezara en el sitio donde un avión se acababa de estrellar. El pastor se adentró manejando en el bosque y se encontró allí con policías, bomberos y otros agentes del gobierno.

Lo que vio lo conmocionó. La nave que se había estrellado no era un avión. ¡Y las víctimas no eran humanas!

Cape Girardeau

El reverendo Huffman vio una nave en forma de disco. Había tres criaturas pequeñas y sin pelo que habían muerto en el accidente: ¡extraterrestres! Se dice que los extraños seres tenían cabezas grandes y bocas y ojos pequeños.

Huffman juró no contarle a nadie lo que había visto. Pero, en cuanto llegó a su casa, se lo soltó todo a su familia. A partir de ahí, la historia de lo que había sucedido esa noche se propagó.

Muchas de las personas que dicen haber visto extraterrestres los describen de manera similar: sin pelo, con cabezas grandes y bocas y ojos pequeños.

Sitios de aterrizaje de extraterrestres del mundo

Glosario

abducir llevarse a alguien contra su voluntad

esferas objetos en forma de pelota

estático que no se mueve ni hacia arriba, ni hacia abajo ni a los lados

evidencias información y datos que ayudan a probar algo

extraterrestre un ser vivo de otro planeta

globo meteorológico un globo grande que lleva instrumentos; envía información a la Tierra sobre la temperatura, la velocidad del viento y otras condiciones del tiempo

investigar buscar información para saber sobre algún tema

metálicos que contienen o están hechos de metal

meteorito una roca del espacio que ha caído en la Tierra

ovni quiere decir "objeto volador no identificado"; un objeto en el cielo que no puede ser explicado por la actividad humana o natural

restos pedazos que quedan después de que algo ha sido destruido

trinchera un agujero largo y estrecho

Índice

Lee más

Halls, Kelly Milner. *Alien Investigation: Searching for the Truth About UFOs and Aliens.* Minneapolis, MN: Millbrook Press (2012).

Higgins, Nadia. *UFOs (Epic: Unexplained Mysteries).* Minneapolis, MN: Bellwether (2014).

Aprende más en línea

Para aprender más sobre sitios de aterrizaje de extraterrestres, visita:
www.bearportpublishing.com/Tiptoe

Acerca de la autora

Jessica Rudolph vive en Connecticut.
Ha escrito y editado muchos libros para
niños sobre historia, ciencia y naturaleza.